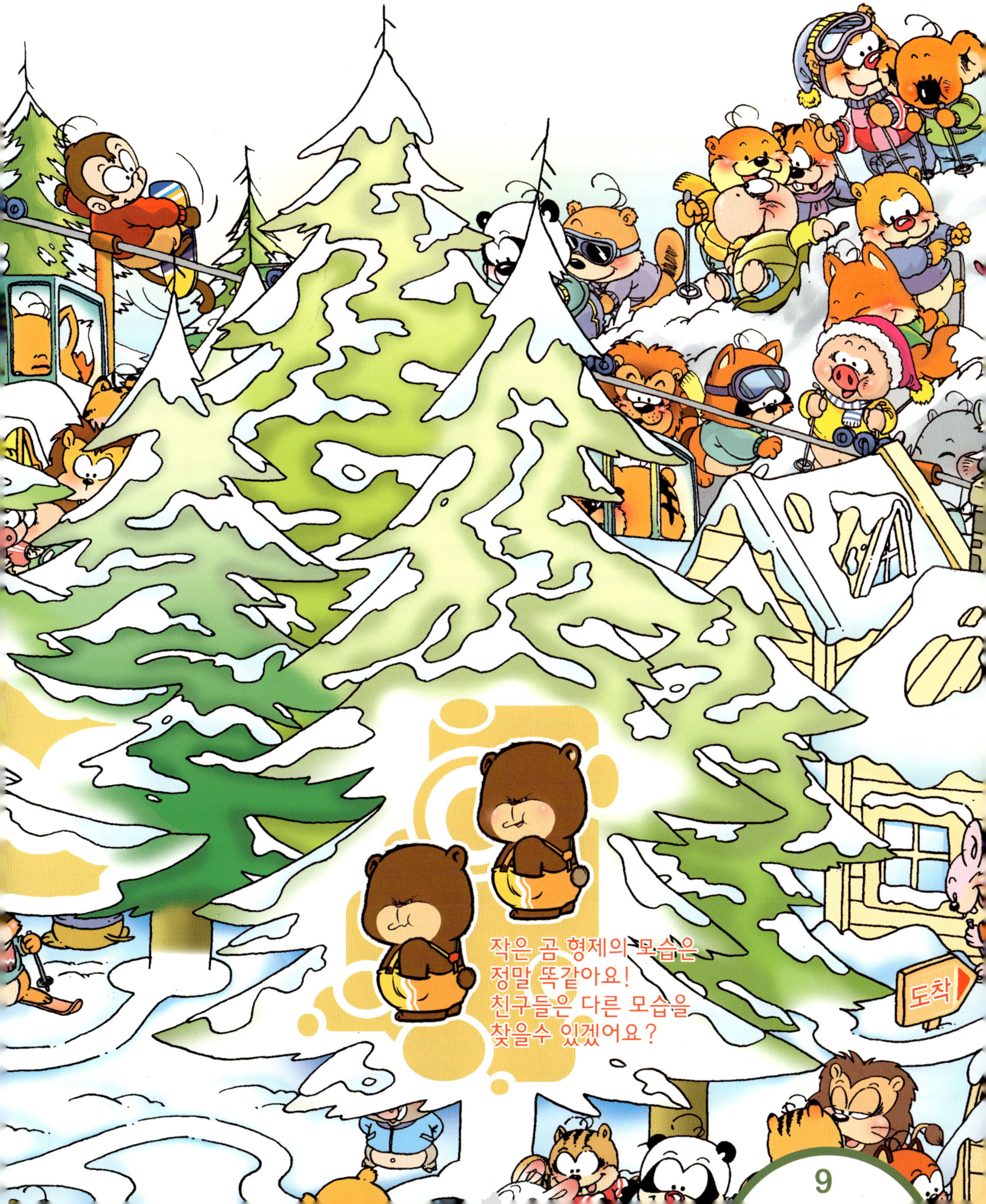

친구는 어디에 있을까요?

난이도

왼쪽의 작은 그림들을 모아 오른쪽 그림을 완성해보세요.

친구들이 어디 있는지 찾아보세요.

귀여운 강아지는 정말 어려운 카누 경기에 참가해서 출발선에 있어요.
빠른 경기노선을 찾아야 해요.

두 마리의 꽃사슴을 보고 다른 곳을 찾아 보세요.

도착

친구들이 어디 있는지 찾아보세요.

작은 너구리는 바다낚시를 갑니다. 배가 없어 수영을 해서 건너가야 하는데 산호초에 걸리지 않고 잘 가려면 어떻게 가야할까요?

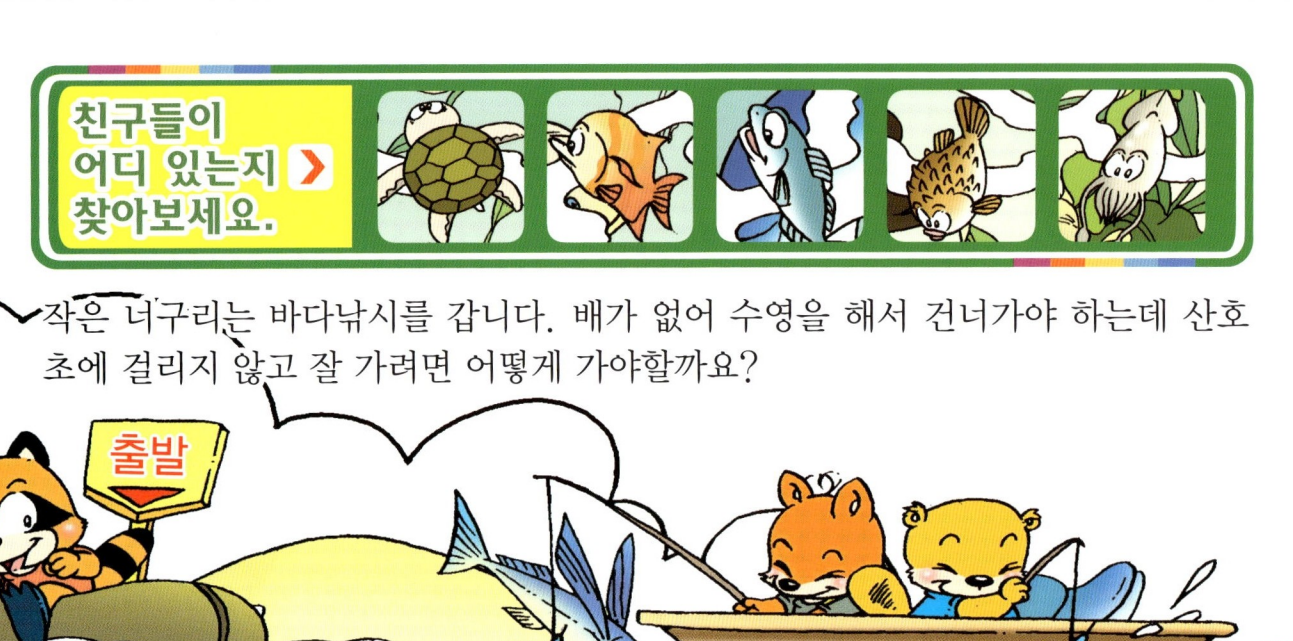

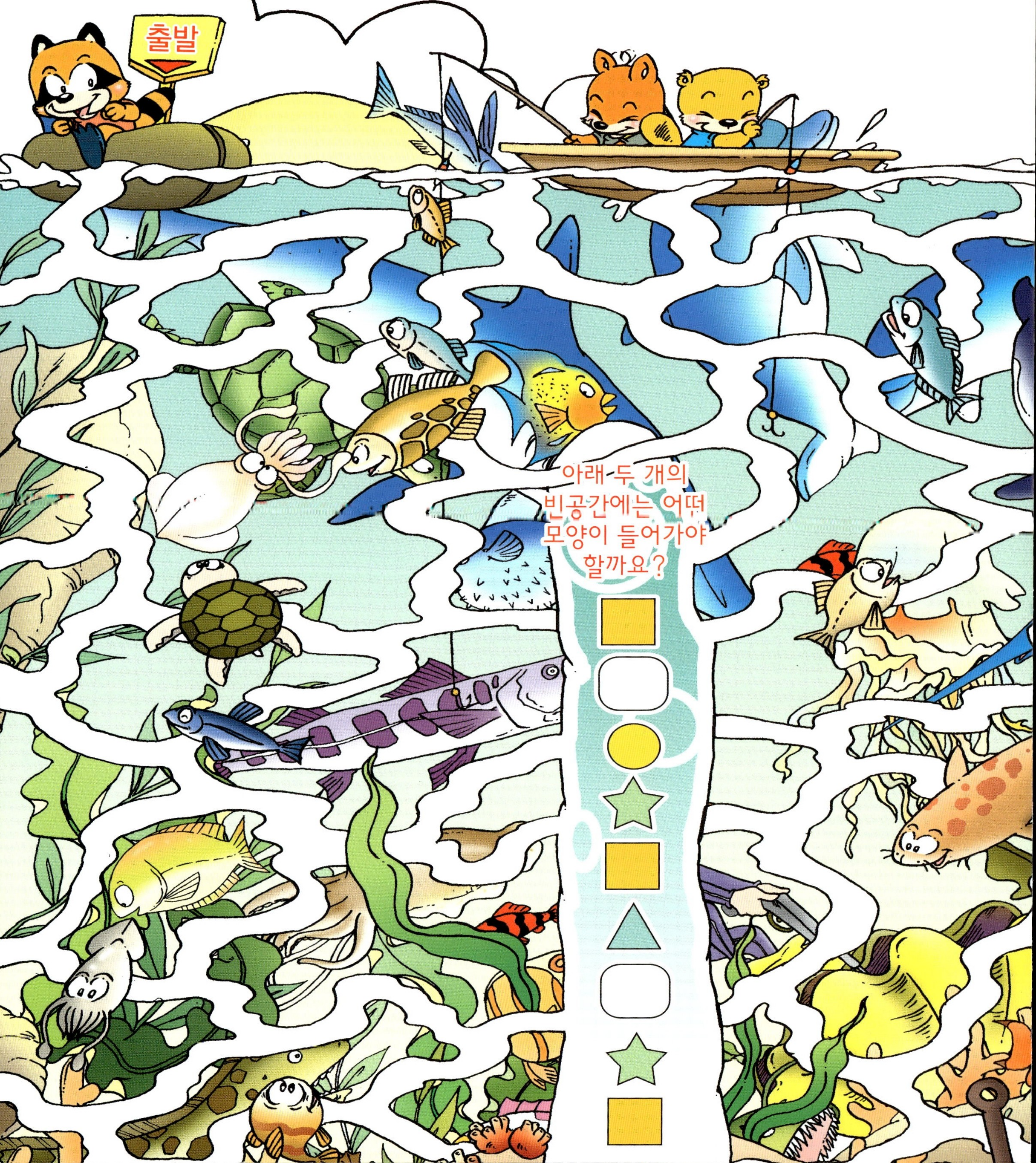

친구들이 어디 있는지 찾아보세요.

무척 더운 날, 귀여운 너구리는 섬의 별장으로 휴가를 가려는데 수달형제가 만들어 놓은 댐을 지나야 갈 수 있어요. 그런데 수달 형제는 퀴즈 2문제를 풀어야만 건너갈 수 있다고 합니다. 순조롭게 건너갈 수 있을까요?

왼쪽 그림에서 빨간 화살표와 똑같은 모양의 도형은 어디 있나요? 도형 안에서 화살표를 찾아서 빨간색으로 칠해 보세요.

친구들이 어디 있는지 찾아보세요.

겨울이 다가와 날씨가 점점 추워지고 있어 식품보관 창고를 수리해야 합니다. 친구들이 잘 도와줘야 순조롭게 빨리 끝낼 수 있는데 어떻게 가면 될까요?

출발

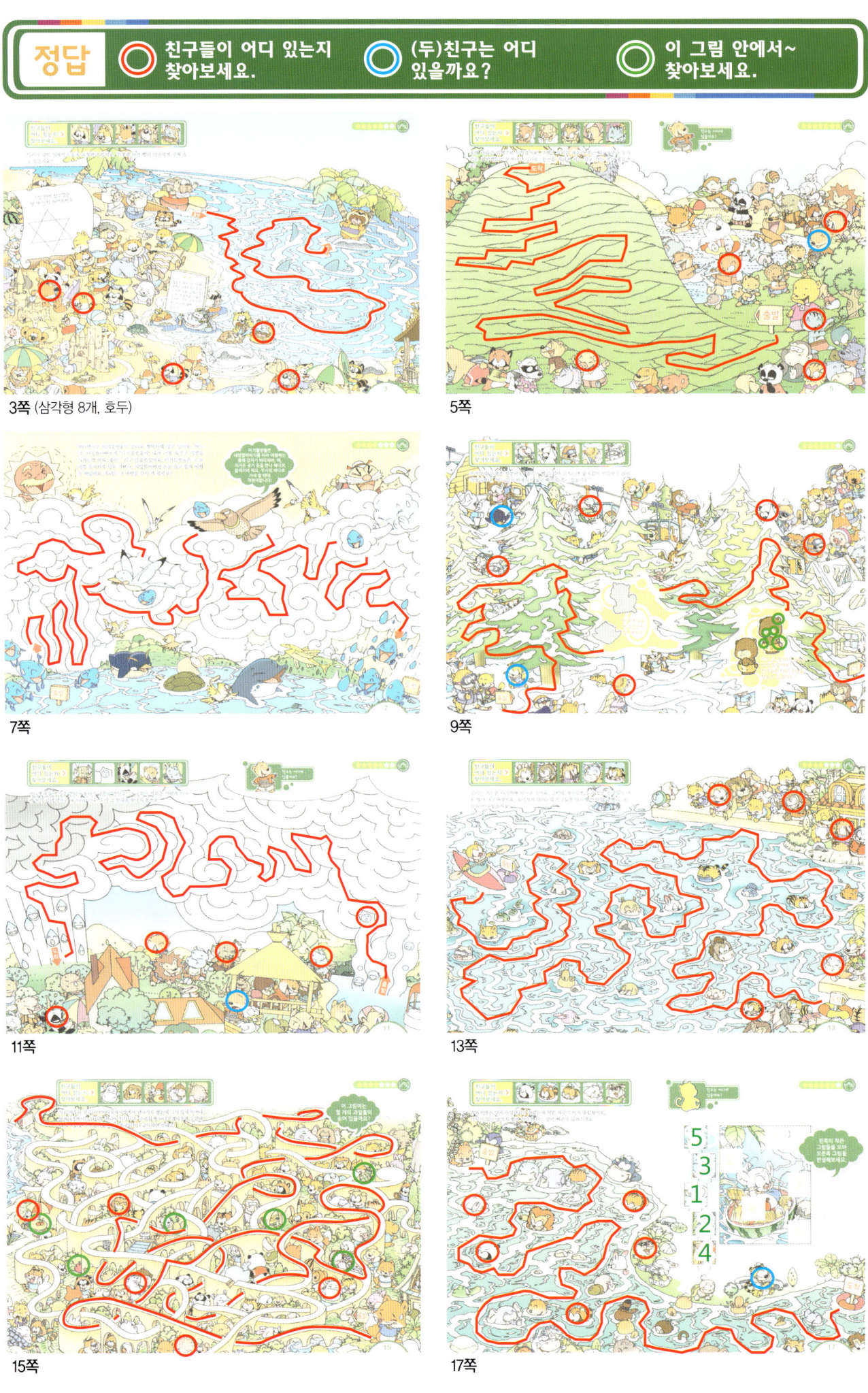

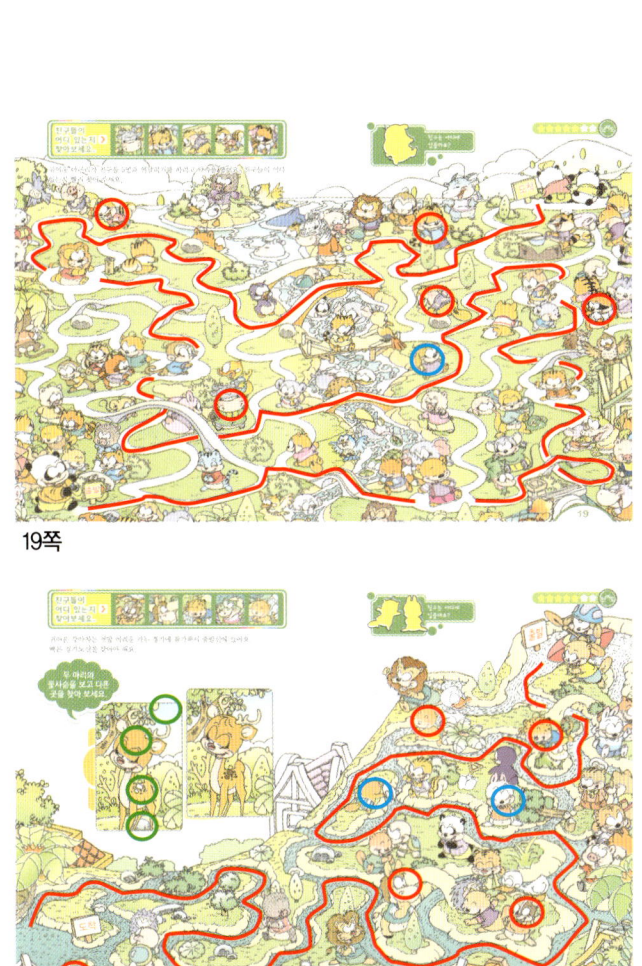
19쪽

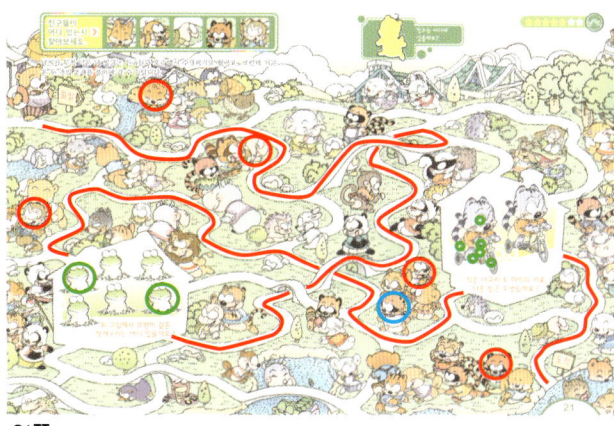
21쪽

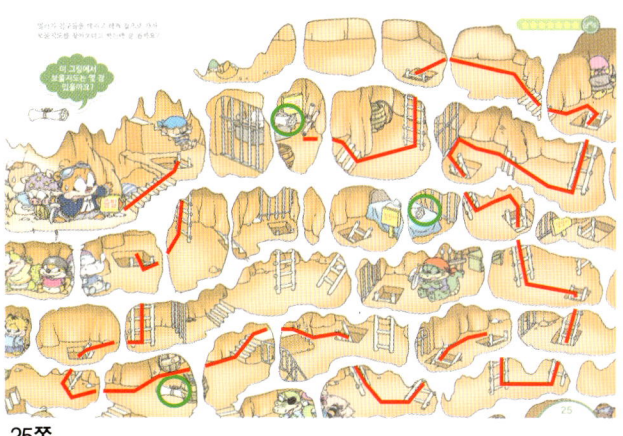
23쪽

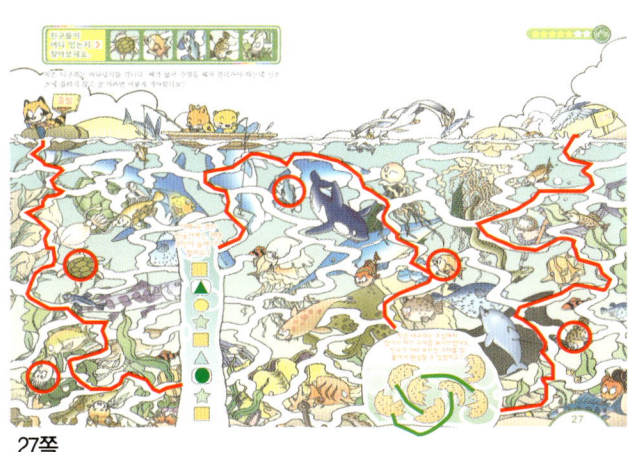
25쪽

27쪽

29쪽 (?의 답은 12)

31쪽

33쪽

43

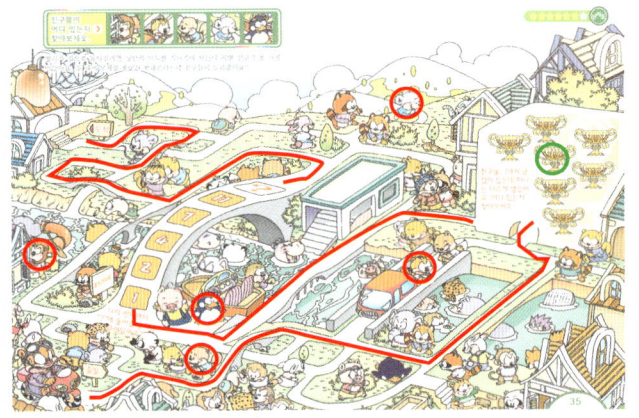
35쪽 (?의 답은 16)

37쪽

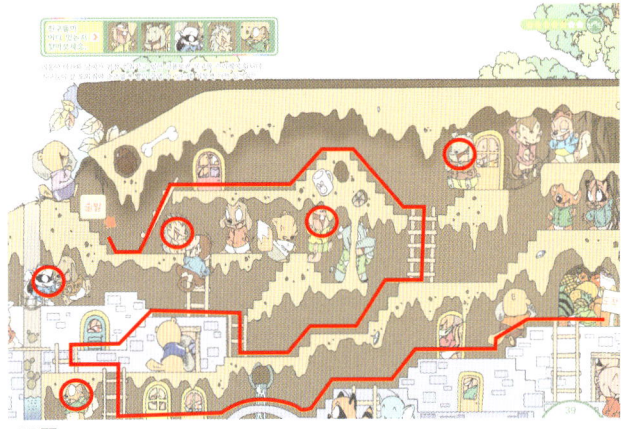
39쪽

41쪽

부록

Copyright ⓒ 2015 by B.M Comic Studio
All rights reserved.
Korean copyright ⓒ 2016 by FISHBOOK

This Korean edition was published by arrangement with China Textile & Apparel Press through Agency Liang

이 책의 한국어판 저작권은 량에이전시를 통한 저작권자와의 독점계약으로 피쉬북에 있습니다.
신 저작권법에 의해 한국 내에서 보호를 받는 저작물이므로 무단전재와 무단복제를 금합니다.

펴낸날 2016년 2월 15일 l 펴낸곳 (주)도서출판 보물섬 l 펴낸이 이동복 l
등록번호 제406-2015-000045호 l 주소 경기도 파주시 탄현면 헤이리로 314-41
전화 (031) 947-0845 l 팩스 (031) 947-0848

※ 파손된 도서는 구입하신 서점에서 교환 가능합니다.